Impressum
Verlag: BABADADA GmbH, Nedderfeld 112 , 22529 Hamburg
Geschäftsführer / Verlagsleitung: Harald Hof
Druck: Books on Demand GmbH, In de Tarpen 42, 22848 Norderstedt

Imprint
Publisher: BABADADA GmbH, Nedderfeld 112 , 22529 Hamburg, Germany
Managing Director / Publishing direction: Harald Hof
Print: Books on Demand GmbH, In de Tarpen 42, 22848 Norderstedt, Germany

除
membagi

186/2

黑板
papan

教室
ruang kelas

校园
halaman sekolah

老师
guru

纸
kertas

书写
menulis

钢笔
pena

办公桌
meja kerja

直尺
penggaris

书
buku

学生
murit

书包
tas sekolah

铅笔盒
tempat pensil

铅笔
pensil

卷笔刀
pengasah pensil

橡皮擦
penghapus

画板
kertas gambar

图画
gambar

画笔
kuas

颜料盒
kotak cat

剪刀
gunting

胶水
lem

练习册
buku latihan

家庭作业
pekerjaan rumah

数字
angka

加
tambhakan

减
mengurangi

乘
mengalikan

计算
menghitung

字母
huruf

字母表
alfabet

字
kata

课文

teks

读

membaca

粉笔

kapur

上课

pelajaran

登记

daftar

考试

ujian

证书

sertifikat

校服

seragam sekolah

教育

pendidikan

百科全书

ensiklopedi

大学

universitas

显微镜

mikroskop

地图

peta

废纸筐

tempat sampah

酒店
hotel

青年旅社
hostel

外币兑换处
kantor pertukaran mata uang

手提箱
koper

汽车
mobil

语言
bahasa

是/否
ya / tidak

好的
okay

您好
hallo

翻译员
penerjemah

谢谢
terima kasih

……多少钱？

Berapa harganya…?

我不明白

saya tidak mengerti

问题

masalah

晚上好！

Selamat malam!

早上好！

Selamat siang!

晚安！

Selamat tidur!

再见

sampai jumpa

方向

arah

行李

bagasi

包

tas

双肩包

ransel

客人

tamu

房间

ruang

睡袋

kantong tidur

帐篷

tenda

旅游信息

informasi wisata

海滩

pantai

信用卡

kartu kredit

早餐

sarapan

午餐

makan siang

晚餐

makan malam

票

tiket

电梯

elevator

邮票

perangko

边界

perbatasan

海关

cukai

大使馆

kedutaan

签证

visa

护照

paspor

飞机
kapal terbang

船
perahu

消防车
mobil pemadam kebakaran

公交车
bis

卡车
truk

汽艇
perahu motor

自行车
sepeda

汽车
mobil

摆渡船
feri

小船
perahu

摩托车
sepeda motor

警车
mobil polisi

赛车
mobil balapan

租车
mobil sewa

拼车

berbagi mobil

拖车

truk derek

垃圾车

truk sampah

发动机

motor

汽油

bahan bakar

加油站

bensin

交通标志

tanda lalulintas

交通

lalulintas

交通堵塞

macet

停车场

parkir mobil

火车站

stasiun kereta

轨道

trek

火车

kereta api

电车

tram

货车

gerobak

直升机
helikopter

机场
bendara

塔
menara

乘客
penumpang

集装箱
container

纸板箱
karton

手推车
troli

篮子
keranjang

起飞/降落
berangkat / mendarat

kota

村庄
desa

市中心
pusat kota

房子
rumah

电影院
bioskop

广告
iklan

路灯
lampu jalanan

街道
jalanan

出租车
taksi

小吃店
toko jajan

行人
pejalan kaki

人行道
trotoar

十字路口
penyebarang

斑马线
tempat penyebrangan jalan

垃圾箱
tempat sampah

红绿灯
lampu lalu lintas

小屋
gubuk

公寓
rumah flat

火车站
stasiun kereta

市政厅
balai kota

博物馆
museum

学校
sekolah

大学

universitas

银行

bank

医院

rumah sakit

酒店

hotel

药房

farmasi

办公室

kantor

书店

toko buku

商店

toko

花店

toko bunga

超市

supermarket

市场

pasar

百货商店

toko serba ada

鱼店

nelayan

购物中心

pusat belanja

海港

pelabuhan

公园
taman

长凳
banku

桥
jembatan

楼梯
tangga

地铁
kereta bawah tanah

隧道
terowongan

公交车站
pemberhantian bis

酒吧
bar

餐馆
restauran

邮筒
kotak surat

路标
tanda jalan

停车计时器
meteran parkir

动物园
kebun binatang

游泳馆
kolam renang

清真寺
mesjid

农场
pertanian

污染
polusi

墓地
kuburan

教堂
gereja

操场
tempat bermain

寺庙
pura

pemandangan

树叶
daun

指示牌
penunjuk arah

路
jalanan

草地
padang rumput

石头
batu

徒步旅行者
pejalak kaki

树
pohon

河
sungai

草
rumput

花
bunga

峡谷

lembah

山

bukit

湖

danau

森林

hutan

沙漠

padang gurun

火山

gunung berapi

城堡

istana

彩虹

pelangi

蘑菇

jamur

棕榈树

pohon palem

蚊子

nyamuk

苍蝇

lalat

蚂蚁

semut

蜜蜂

lebah

蜘蛛

laba-laba

甲虫
kumbang

青蛙
kodok

松鼠
tupai

刺猬
landak

野兔
kelinci

猫头鹰
burung hantu

鸟
burung

天鹅
angsa

野猪
babi jantan

鹿
rusa

麋鹿
rusa

水坝
bendungan

风力发电机
turbin angin

太阳能电池板
panel surya

气候
iklim

服务员
pelayan

菜单
daftar makanan

椅子
kursi

披萨饼
pizza

汤
sup

餐具
peralatan makan

桌布
taplak

前菜
hindangan pembuka

主菜
hidangan utama

甜点
hidangan penutup

饮料
minuman

食物
makanan

瓶子
botol

快餐

fastfood

街边小吃

masakan jalanan

茶壶

teko teh

糖盒

kaleng gula

一份饭菜

porsi

意式咖啡机

mesin espresso

高脚椅

kursi tinggi

账单

tagihan

托盘

baki

刀

pisau

餐叉

garpu

勺子

sendok

茶匙

sendok teh

餐巾

serbet

玻璃杯

gelas

碟子
piring

汤盘
piring sup

碟子
lepek

酱
saus

盐瓶
tempat garam

胡椒磨
gilingan merica

醋
cuka

食用油
minyak

调味料
bumbu

番茄酱
saus tomat

芥末
mustar

蛋黄酱
mayones

supermarket

特价
penawaran khusus

FOR

顾客
klien

乳制品
produk susu

购物车
troli

水果
buah

肉铺
pembantai

面包房
toko roti

称重
menimbang

蔬菜
sayur

肉
daging

冷冻食品
makanan beku

冷盘

pemotongan dingin

罐头食品

makanan kaleng

洗衣粉

sabun serbuk

甜食

permen

日用品

alat-alat rumah tangga

清洁用品

obat pembersihan

销售员

penjual

收银机

kasa

收银员

kasir

购物清单

daftar belanja

开放时间

jam buka

钱包

dompet

信用卡

kartu kredit

袋子

tas

塑料袋

kantong plastik

水

air

果汁

jus

牛奶

susu

可乐

cola

红酒

anggur

啤酒

bir

酒

alkohol

可可

coklat

茶

teh

咖啡

kopi

意式浓缩咖啡

espresso

卡布奇诺

cappucino

香蕉

pisang

苹果

apel

橙子

jeruk

西瓜

semangka

柠檬

jeruk lemon

胡萝卜

wortel

大蒜

bawang putih

竹子

bambu

洋葱

bawang bombai

蘑菇

jamur

坚果

kacang

面条

mi

意大利面条

spagetti

米饭

nasi

沙拉

salat

薯条

kentang goreng

炸土豆

kentang goreng

披萨饼

pizza

汉堡包

hamburger

三明治

sandwich

炸猪排

sayatan

火腿

ham

萨拉米

salami

香肠

sosis

鸡肉

ayam

烤肉

menggoreng

鱼

ikan

燕麦片

bubur gandum

穆兹利

sereal

玉米片

cornflakes

面粉

tepung

羊角面包

croissant

面包卷

roti

面包

roti

烤面包

toast

饼干

biskuit

黄油

mentega

凝乳

dadih

蛋糕

kue

蛋

telur

煎蛋

telur goreng

奶酪

keju

食物 - makanan

冰激凌

eskrim

糖

gula

蜂蜜

madu

果酱

selai

巧克力酱

krim nugat

咖喱饭

kare

农舍
rumah peternakan

稻草捆
bale jemari

粮仓
lumbung

田野
lapangan

马
kuda

拖车
kereta gandeng

马驹
anak kuda

拖拉机
traktor

驴
keledai

羊
domba

羔羊
domba

山羊

kambing

奶牛

sapi

牛犊

betis

猪

babi

小猪

celeng

公牛

banteng

鹅

angsa

鸭

bebek

小鸡

anak ayam

母鸡

ayam

公鸡

ayam jantan

鼠

tikus

猫

kucing

老鼠

tikus

牛

lembu

狗

anjing

狗屋

rumah anjing

花园浇水软管

selang

洒水壶

penyiram

长柄大镰刀

sabit

犁

bajak

镰刀

sabit

锄头

cangkul

长柄草耙

garpu rumput

斧头

kapak

独轮手推车

gerobak

饲料槽

palung

牛奶罐

kaleng susu

麻布袋

karung

栅栏

pagar

马厩

kandang

温室

rumah kaca

土壤

tanah

种子

benih

肥料

pupuk

联合收割机

mesin pemanen

农场 - pertanian

收割
panen

收割
panen

山药
yams

小麦
gandum

大豆
kedelai

土豆
kentang

玉米
jagung

油菜籽
lobak

果树
pohon buah

树薯
singkong

谷物
sereal

烟囱
cerobong

屋顶
atap

落水管
pipa talang

窗户
jendela

车库
garasi

门铃
bel pintu

门
pintu

垃圾桶
sampah

信箱
kotak surat

花园
kebun

客厅
ruang tamu

浴室
kamar mandi

厨房
dapur

卧室
kamar tidur

儿童房
kamar anak

餐厅
kamar makan

地板
lantai

墙壁
tembok

吊顶
atap

地窖
gudang di bawah tanah

桑拿
sauna

阳台
balkon

露台
teras

游泳池
kolam renang

割草机
mesin pemotong rumput

被单
sprei

床罩
selimut

床
tempat tidur

扫帚
sapu

水桶
ember

开关
tombol

壁纸
kertas dinding

照片
gambar

台灯
lampu

搁架
rak

橱柜
kabinet

电视机
televisi

花
bunga

垫子
bantal

花瓶
vas

沙发
sofa

遥控器
remote control

地毯

karpet

窗帘

korden

餐桌

meja

椅子

kursi

摇椅

kursi goyang

扶手椅

kursi malas

书
buku

毯子
selimut

装饰品
dekorasi

木柴
kayu bakar

电影
filem

高保真音响
hi-fi

钥匙
kunci

报纸
koran

油画
lukisan

海报
poster

收音机
radio

笔记本
buku tulis

吸尘器
penyedot debu

仙人掌
kaktus

蜡烛
lilin

冰箱
▶ kulkas

微波炉
mesin pemanggang

厨房秤
timbangan

烤面包机
pemanggang roti

洗洁精
deterjen

冰柜
▶ lemari es

烤箱
▶ kompor

垃圾桶
sampah

洗碗机
mesin pencuci piring

�C具
kompor

锅
panci

铸铁锅
panci besi

炒锅
wajan

平底锅
panci

水壶
pemanas air

蒸锅

panci pengukus makanan

烤盘

nampan

陶瓷锅

piring

马克杯

cangkir

碗

mangkok

筷子

sumpit

长柄勺

sendok sup

铲子

sudip

搅拌器

mengocok

滤网

saringan

筛子

saringan

磨碎机

parutan

研钵

mortir

烧烤

barbeque

明火

api terbuka

菜板

papan memotong

擀面杖

gilingan

开瓶器

alat pembuka botol

罐子

kaleng

开罐器

pembuka kaleng

隔热手套

pegangan panci

水槽

wastafel

刷子

sikat

海绵

busa

搅拌机

mesin pencampur

冷藏箱

lemari es

奶瓶

botol bayi

水龙头

keran

kamar mandi

供暖设备
mesin pemanas

毛巾
handuk

淋浴
mandi

浴帘
tirai kamar mandi

泡沫浴
mandi busa

浴缸
bak mandi

玻璃杯
gelas

洗衣机
mesin cuci

瓷砖
ubin

水龙头
keran

便壶
pispot

水槽
wastafel

厕所
toilet

蹲便器
toilet jongkok

坐浴器
bidet

小便池
pissoir

厕纸
kertas toilet

马桶刷
sikat toilet

牙刷
sikat gigi

牙膏
pasta gigi

牙线
benang gigi

洗
menyuci

手持式喷淋头
pancuran tangan

冲洗器
pancuran

洗脸盆
bak

擦背刷
sikat punggung

肥皂
sabun

沐浴露
gel mandi

洗发水
sampo

法兰绒
planel

排水
kuras

乳霜
krim

除臭剂
deodoran

镜子
kaca

手镜
cermin tangan

剃须刀
pisau cukur

剃须泡沫
busa cukur

须后水
aftershave

梳子
sisir

刷子
sikat

吹风机
alat pengering rambut

喷发定型剂
semprot rambut

化妆品
makeup

唇膏
lipstik

指甲油
cat kuku

化妆棉
kapas

指甲剪
gunting kuku

香水
minyak wangi

洗漱包

kantong pencuci

凳子

bangku

计重秤

timbangan

浴袍

mantel mandi

橡胶手套

sarung tangan karet

卫生棉条

tampon

卫生巾

handuk pembalut

化学厕所

toilet kimia

闹钟
jam alarm

毛绒玩具
boneka tidur

玩具车
mobil-mobilan

拨浪鼓
kelintung

玩具屋
rumah boneka

礼物
kado

气球

balon

床

tempat tidur

（洋娃娃用）婴儿车

kereta bayi

扑克牌

mainan kartu

拼图

teka-teki

漫画

komik

乐高积木
mainan lego

积木玩具
blok mainan

玩具人
figur aksi

婴儿服
baju monyet

飞盘
frisbee

床铃玩具
mobile

棋盘游戏
permainan papan

骰子
dadu

火车模型
set model kreta api

安抚奶嘴
dot

聚会
pesta

绘本
buku gambar

球
bola

洋娃娃
boneka

玩
bermain

沙坑
tempat main pasir

秋千
ayunan

玩具
mainan

游戏机
video game konsol

三轮车
sepeda roda tiga

泰迪熊
teddy

衣柜
lemari pakaian

pakaian

袜子
kaos kaki

长袜
kaos kaki

紧身裤
baju ketat

围巾
syal

雨伞
payung

T恤
kaos

皮带
sabuk

靴子
sepatu bot

拖鞋
sandal

运动鞋
sepatu

凉鞋
sandal

鞋
sepatu

雨靴
sepatu bot karet

内裤
celana dalam

胸罩
BH

背心
baju rompi

身体
body

裤子
celana

牛仔裤
jeans

短裙
rok

女式衬衫
blus

衬衫
kemeja

套头衫
aket berkerudung

卫衣
sweater

西装夹克
jaket

夹克
jaket

外套
mantel

雨衣
jas hujan

套装
kostum

连衣裙
gaun

婚纱
gaun pengantin

西装
setelan resmi

睡袍
gaun tidur

睡衣
piyama

莎丽
sari

头巾
jilbab

包头巾
turban

波卡
burka

卡夫坦
kaftan

(阿拉伯式)长袍长袍
abaya

泳衣
pakaian renang

男式泳裤
celana renang

短裤
celana pendek

运动服
olah raga

围裙
celemek

手套
sarung tangan

纽扣
kancing

眼镜
kacamata

手链
gelang

项链
kalung

戒指
cincin

耳环
anting

便帽
topi

衣架
gantungan mantel

帽子
topi

领带
dasi

拉链
ritsleting

头盔
helm

背带
tali selempang

校服
seragam sekolah

制服
seragam

围兜
oto

安抚奶嘴
dot

尿不湿
popok

服务器
server

文件柜
lemari arsip

打印机

纸
kertas

显示屏
layar

鼠标
mouse komputer

键盘
papan tombol

咖啡杯
cangkir kopi

计算器
kalkulator

因特网
internet

笔记本电脑
laptop

信件
surat

消息
pesan

手机
telepon seluler

网络
jaringan

复印机
fotokopi

软件
software

电话
telepon

插座
plug soket

传真机
mesin fax

表格
formulir

文件
dokumen

买
membeli

付钱
membayar

交易
berdagang

现金
uang

美元
Dollar

欧元
Euro

日元
Yen

卢布
Rubel

瑞士法郎
Franc Swiss

人民币
Renminbi Yuan

卢比
Rupiah

提款处
ATM

外币兑换处

kantor pertukaran mata uang

金

emas

银

perak

石油

minyak

能源

energi

价格

harga

合同

kontrak

税金

pajak

股票

saham

工作

bekerja

职员

karyawan

老板

majikan

工厂

pabrik

商店

toko

警官
petugas polisi

消防员
pemadam kebakaran

厨师
pemasak

医生
dokter

飞行员
pilot

园丁
tukan kebun

木匠
tukang kayu

裁缝
penjahit wanita

法官
hakim

化学家
ahli kimia

演员
aktor

公交车司机

sopir bis

出租车司机

sopir taksi

渔夫

nelayan

清洁女工

pembantu

屋顶工

tukang atap

服务员

pelayan

猎人

pemburu

画家

pelukis

面包师

tukang roti

电工

tukang listrik

建筑工人

pembangun

工程师

insinyur

屠夫

tukang daging

水管工

tukang ledeng

邮递员

tukang pos

士兵
tentara

建筑师
arsitek

收银员
kasir

花农
penjual bunga

理发师
penata rambut

售票员
konduktor

机械师
montir

船长
kapten

牙医
dokter gigi

科学家
ilmuwan

拉比
rabbi

伊玛目
imam

和尚
biarawan

牧师
pendeta

铁锤
palu

螺丝刀
obeng

钳子
tang

扳手
kunci

手电筒
obor

挖掘机

penggali

工具箱

tas perkakas

梯子

tangga

锯子

gergaji

钉子

paku

钻机

bor

修
perbaikan

铲子
sekop

靠！
Sialan!

簸箕
cikrak

油漆桶
pot cat

螺丝
sekrup

alat musik

低音提琴
bas

打击乐器
alat drum

扬声器
pengeras suara

吉他
gitar

小号
trompet

钢琴

piano

小提琴

violin

贝斯

bass

定音鼓

tambur

鼓

drum

电子琴

keyboard

萨克斯管

saksofon

长笛

suling

麦克风

mikrofon

老虎
macan

入口
pintu masuk

笼子
kandang

斑马
sebra

动物饲料
pakan ternak

熊猫
panda

动物

hewan

大象

gajah

袋鼠

kanguru

犀牛

badak

大猩猩

gorila

熊

beruang

骆驼

unta

鸵鸟

burung unta

狮子

singa

猴子

monyet

火烈鸟

flamingo

鹦鹉

burung beo

北极熊

beruang polar

企鹅

penguin

鲨鱼

hiu

孔雀

merak

蛇

ular

鳄鱼

buaya

动物园管理员

penjaga kebun binatang

海豹

segel

美洲豹

jaguar

矮种马
kuda poni

豹
macan tutul

河马
kuda nil

长颈鹿
jerapah

老鹰
burung elang

野猪
babi jantan

鱼
ikan

龟
kura-kura

海象
anjing laut

狐狸
rubah

羚羊
kijang

橄榄球
american football

骑自行车
naik sepeda

网球
tennis

篮球
basketbal

游泳
bernang

拳击
tinju

冰球
hoki es

英式足球
sepak bola

羽毛球
badminton

田径
atletik

手球
bola tangan

滑雪
main ski

马球
polo

跳
meloncat

笑
ketawa

拥抱
memeluk

唱
menyanyi

走路
berjalan

做梦
mengimpi

祈祷
berdoa

亲吻
mencium

书写
menulis

画
melukis

展示
menunjuk

推
mendorong

给
memberikan

拿
mengambil

活动 - aktivitas

有
mempunyai

做
melakukan

当
adalah

站
berdiri

跑
berlari

拉
menarik

扔
melempar

摔倒
jatuh

躺
tidur

等待
menunggu

携带
membawa

坐
duduk

穿衣
berpakaian

睡觉
tidur

醒来
bangun

看
melihat

哭
menangis

抚摸
mengelus

梳头
menyisir

交谈
berbicara

明白
mengerti

问
menanyak

听
mendengar

喝
minum

吃
makan

清理
merapikan

爱
cinta

做饭
memasak

开车
menyetir

飞
terbang

航行

berlayar

计算

menghitung

读

membaca

学习

belajar

工作

bekerja

结婚

menikah

缝

menjahit

刷牙

sikat gigi

杀

membunuh

抽烟

merokok

寄

kirim

祖母
nenek

婴童
bayi

母亲
ibu

祖父
kakek

父亲
bapak

女儿
putri

儿子
putra

客人
tamu

阿姨
bibi

叔叔
paman

兄弟
kakak laki

姐妹
kakak perempuan

前额
dahi

眼睛
mata

肩膀
bahu

手指
jari

脸
muka

下巴
dagu

手
tangan

乳房
payudara

腿
kaki

手臂
lengan

婴童

bayi

男人

pria

女人

wanita

女孩

perempuan

男孩

laki

头

kepala

背部
punggung

肚子
perut

肚脐
pusar

脚趾
toe

脚后跟
tumit

骨头
tulang

臀部
pinggang

膝盖
lutut

手肘
siku

鼻子
hidung

屁股
pantat

皮肤
kulit

脸颊
pipi

耳朵
telinga

嘴唇
bibir

嘴
mulut

牙齿
gigi

舌头
lidah

脑
otak

心脏
jantung

肌肉
otot

肺
paru-paru

肝脏
hati

胃
stomach

肾脏
ginjal

性交
hubungan seks

避孕套
kondom

卵子
sel telur

精子
sperma

怀孕
kehamilan

月经
menstruasi

阴道
vagina

阴茎
penis

眉毛
alis

头发
rambut

脖子
leher

医院
rumah sakit

轮椅
kursi roda

骨折
patah tulang

医生
dokter

急诊室
ruang darurat

护士
perawat

紧急情况
darurat

昏迷
semaput

痛
sakit

受伤
cedera

出血
perdarahan

心脏病发作
serangan jantung

中风
stroke

过敏
alergi

咳嗽
batuk

发烧
demam

流感
flu

腹泻
diare

头痛
sakit kepala

癌症
kanker

糖尿病
diabetes

外科医生
ahli bedah

手术刀
pisau bedah

手术
operasi

CT
CT

X光
sinar x

超声波
usg

口罩
topeng

疾病
penyakit

候诊室
ruang tunggu

拐杖
penyokong

石膏
plester

绷带
perban

注射
injeksi

听诊器
stetoskop

担架
usungan

体温计
termometer klinis

出生
kelahiran

超重
kelebihan berat badan

助听器
alat pendengar

消毒液
desinfektan

感染
infeksi

病毒
virus

艾滋病
HIV / AIDS

药物
obat

接种疫苗
vaksinasi

药片
tablet

药丸
pil

急救电话
panggilan darurat

血压计
ukur tekanan darah

生病/健康
sakit / sehat

救命！

Tolong!

警报

alarm

突击

penyerbuan

攻击

serangan

危险

bahaya

紧急出口

pintu darurat

着火啦！

Api!

灭火器

alat pemadam kebakaran

意外

kecelakaan

急救箱

kit pertolongan pertama

呼救信号

SOS

警察

polisi

欧洲

Eropa

北美洲

Amerika Utara

南美洲

Amerika Selatan

非洲

Afrika

亚洲

Asia

澳洲

Australi

大西洋

Atlantik

太平洋

Pasifik

印度洋

Samudra India

南冰洋

Samudra Antartika

北冰洋

Samudra Arktik

北极

kutub utara

南极
kutub selatan

南极洲
Antarktika

地球
bumi

陆地
tanah

海
laut

岛
pulau

国家
bangsa

国家
negara

钟面
jam wajah

时针
jarum pendek

分针
jarum menit

秒针
jarum detik

现在几点？
Jam berapa?

天
hari

时间
waktu

现在
sekarang

电子表
jam digital

分
menit

时
jam

周一 Senin
MO
周三 Rabu
W
周五 Jumat
FR
TU
TH
SA
SO
周二 Selasa
周六 Sabtu
周四 Kamis
周日 Minggu

昨天

kemaren

今天

hari ini

明天

besok

早晨

pagi

中午

siang

晚上

malam

工作日

hari kerja

周末

akhir minggu

雨
hujan

彩虹
pelangi

风
angin

雪
salju

春
musim semi

夏
musim panas

秋
musim gugur

冬
musim dingin

天气预报
ramalan cuaca

温度计
termometer

阳光
matahari

云
awan

雾
kabut

潮湿
kelembahan

闪电

kilat

打雷

guntur

风暴

badai

冰雹

hujan es

季风

monsun

洪水

banjir

冰

es

一月

Januari

二月

Februari

三月

Maret

四月

April

五月

Mei

六月

Juni

七月

Juli

八月

Agustus

九月
....
September

十月
....
Oktober

十一月
....
November

十二月
....
Desember

bentuk

圆形
....
lingkaran

正方形
....
persegi

长方形
....
persegi panjang

三角形
....
segi tiga

球体
....
bola

立方体
....
kubus

白
putih

黄
kuning

橙
oranye

粉
pink

红
merah

紫
ungu

蓝
biru

绿
hijau

棕
coklat

灰
abu-abu

黑
hitam

很多/少许

banyak / sedikit

生气/平静

marah / tenang

美/丑

cantik / jelek

首/尾

mulaih / selesai

大/小

besar / kecil

明/暗

terang / gelap

兄弟/姐妹

saudara laki-laki / saudara perempuan

干净/肮脏

bersih / kotor

完整/缺失

lengkap / tidak lengkap

白天/晚上

hari / malam

死/生

mati / hidup

宽/窄

luas / sempit

可食用/非食用

dapat dimakan / tidak dapat dimakan

邪恶/善良

jahat / baik

兴奋/无聊

bersemangat / bosan

胖/瘦

gemuk / kurus

第一/最后

pertama / terakhir

朋友/敌人

teman / musuh

满/空

penuh / kosong

硬/软

keras / lembut

重/轻

berat / enteng

饿/渴

lapar / haus

生病/健康

sakit / sehat

非法/合法

ilegal / legal

聪明/愚笨

cerdas / bodoh

左/右

kiri / kanan

近/远

dekat / jauh

新/旧
baru / bekas

没有/有些
tidak ada apapun / sesuatu

老/幼
tua / muda

开/关
nyala / mati

打开/合上
buka / tutup

安静/吵闹
tenang / keras

富/穷
kaya / miskin

对/错
benar / salah

粗糙/光滑
kasar / halus

伤心/高兴
sedih / gembira

短/长
pendek / panjang

慢/快
pelan-pelan / cepat

湿/干
basah / kering

温暖/凉爽
hangat / sejuk

战争/和平
perang / damai

反义词 - berlawanan

0	**1**	**2**
零	一	二
nol	satu	dua
3	**4**	**5**
三	四	五
tiga	empat	lima
6	**7**	**8**
六	七	八
enam	tujuh	delapan
9	**10**	**11**
九	十	十一
sembilan	sepuluh	sebelas

12

十二
duabelas

13

十三
tigabelas

14

十四
empatbelas

15

十五
limabelas

16

十六
enambelas

17

十七
tujuhbelas

18

十八
delapanbelas

19

十九
sembilanbelas

20

二十
duapuluh

100

百
seratus

1.000

千
seribu

1.000.000

百万
juta

英语

Inggris

美式英语

bahasa Inggris Amerika

普通话

bahasa Cina Mandarin

印地语

bahasa Hindi

西班牙语

bahasa Spanyol

法语

bahasa Perancis

阿拉伯语

bahasa Arab

俄语

bahasa Rusia

葡萄牙语

bahasa Portugis

孟加拉语

bahasa Bengal

德语

bahasa Jerman

日语

bahasa Jepang

我

saya

你

kamu

他/她/它

dia

我们

kita

你们

kalian

他们

mereka

谁？

siapa?

什么？

apa?

怎样？

begaimana?

哪里？

dimana?

什么时候？

kapan?

名字

nama

后面

dibelakang

里面

di

前面

didepan

上方

diatas

上面

diatas

下面

dibawah

旁边

sebelah

中间

di antara

地点

tempat